W0461142

ANNICK GOUPIL
Directrice d'École d'Application
VÉRONIQUE CALLE
Institutrice

bigoudi et compagnie

méthode de lecture

CP

LIVRET

Illustrations
CATHERINE GUÉRY-TOUCHE

Nathan

9 L'ESPOIR

Bigoudi, Pipon et Julie ont suivi les conseils du petit poisson et sont partis dans la direction indiquée. Hélas... aucune trace de Roméo.
Mais Pipon, lui, a repéré un oiseau.

— « Bonjour petit moineau, nous cherchons Roméo.
— Voyons, n'aurait-il pas un chapeau jaune ? A côté du ruisseau j'aperçois une tache parmi les coquelicots.
— Bravo ! petit oiseau, c'est sûrement lui !

Vite les amis, dépêchons-nous, allons voir si c'est bien notre ami. »

Roméo... Roméo...

© Éditions Nathan 1985 ISBN 2-09-109741-1

MAINTENANT TU SAIS LIRE :

un petit moineau
bonjour moineau
un chapeau jaune
a-t-il un chapeau ?
le ruisseau

bravo ! petit oiseau !
j'aperçois une tache
c'est sûrement lui !
vite les amis.

ÉCOUTE BIEN :

[o]

dans :

à côté - un chapeau - Roméo - un oiseau - des coquelicots - bravo - un moineau - au lit.

MAINTENANT REGARDE :

bravo

au lit

un oiseau

mais aussi : à côté. un coquelicot

o o o eau EAU eau AU au au

SOUVIENS TOI :

[i] → un ami - Julie - petit - gris - un stylo

[R] → le jardin - il arrive

[a] → le lapin - voilà le rat - du tracas - ah !

[p] → un copain - il s'appelle

[m] → mignon - comme

[y] → turlututu - la rue - le talus - salut

[ɔ̃] → le garçon - le nom - le pont - un rond

MAINTENANT TU DOIS RECONNAÎTRE :

[mo]

une moto 

des mots croisés 

un chameau 

[po]

un pot 

une épaule 

un chapeau 

[RO]

un rôti 

un pierrot 

une rose 

un bureau 

Avec des [o]...

As-tu connu Pipo Pipo
Du temps qu'il était militaire
As-tu connu Pipo Pipo
Du temps qu'il était matelot

Il avait une moto Pipo
Du temps qu'il était militaire . . . . . .

Il jouait dans les flaques d'eau Pipo
Du temps . . . . . .

Il portait un chapeau Pipo
Du temps. . . . . .

(Chanson populaire)

10 ROMÉO EST RETROUVÉ

Après avoir marché sur plus d'un kilomètre, nos amis, tout essoufflés, s'arrêtent.

— « Allons, du courage . . . je le vois, c'est bien lui. Encore quelques efforts, suivez-moi . . .
— Attendez, ronchonne Julie, ma jupe s'est accrochée dans les ronces. Aidez-moi, je me pique !

Youpi ! nous l'avons enfin retrouvé notre Roméo .»

MAINTENANT TU SAIS LIRE :

— **Allons Julie, du courage, je vois Roméo.**

— **Aidez-moi, ma jupe s'est accrochée.**

— **Oh là là, elle ronchonne toujours, cette Julie !**

Les trois amis
ont enfin retrouvé
le copain de Pipon.
Bravo ! petit goujon,
bravo ! petit moineau !
Encore quelques efforts et le petit chien
sera à côté de Roméo.
La tache jaune dans les coquelicots, c'était bien
le chapeau du petit garçon !

TU SAIS LIRE CES MOTS :

une jupe DES RONCES

le courage des efforts encore

bien

OBSERVE ET SOUVIENS-TOI :

une ronce	*des ronces*	*quelques ronces*
une jupe	*des jupes*	*quelques jupes*
un effort	*des efforts*	*quelques efforts*

je le vois, c'est bien lui.
je la vois, c'est bien elle.

Julie ronchonne

Julie rit

Julie pleure.

ÉCOUTE BIEN :

[l]

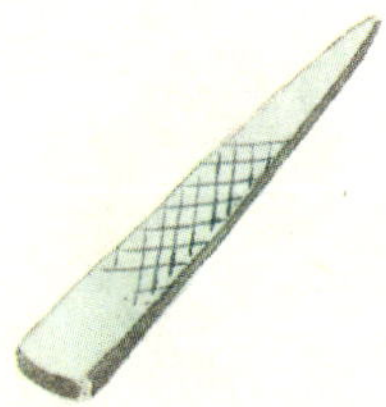

dans :

je m'appelle Julie - il - au lit - les coquelicots - allons - lui.

MAINTENANT REGARDE :

il

mais aussi : allons !

l L l L l L L l l L

TU PEUX LIRE :

de la salade — un livre — des lunettes — un ballon

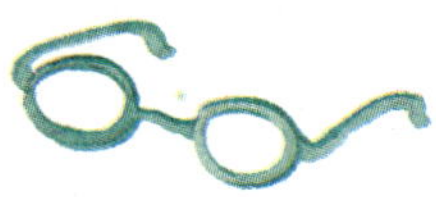

un lapin — un lit — des boules du loto — la lune — allonger

il est malade — une lime — un vélo — la lumière — l'ombre

une larme — une limace — un îlot — une allumette — un lombric

Le petit lapin a de grosses larmes, il est malade, il a mangé trop de salade.

La petite limace n'a pas de lit.

« Allô, mamie, j'ai gagné au loto ! »

Mets tes lunettes et regarde la lune. Quelle lumière !

Le ballon a dérangé le petit lombric qui était allongé à l'ombre des coquelicots.

ÉCOUTE À NOUVEAU :

[k]

dans :

qui - que - comme - la direction - à côté - un coquelicot - du courage - quelque - elle est accrochée - il pique - un kilomètre - encore.

REGARDE ENCORE :

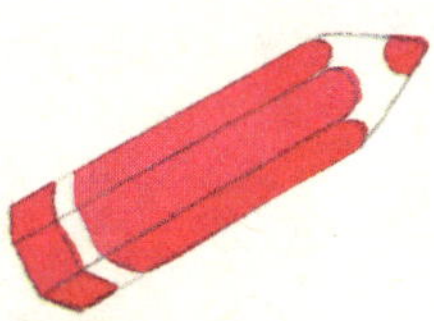

un coq
comme
un kilomètre

mais aussi : qui . elle est accrochée .

TU PEUX LIRE CES SYLLABES :

ca — co — cu — con — qui

REGARDE, TU RETROUVES CES SYLLABES DANS LES MOTS SUIVANTS :

un cadeau — un camion — un autocar — un haricot — un tricot

une quille — une coquille — une culotte — des flocons

Avec des [k], avec des [l]...

Les petits flocons de neige

Le vent court dans les petits flocons
Dans le ciel, c'est le bal
Le bal blanc des flocons blancs
Le vent court dans les petits flocons
c'est un jeu silencieux
qui réjouit les yeux

G. Delaunay, Éveils poétiques SCOLAVOX

11 ILS SONT TOUS FOUS !

**Le petit phoque fait la moue
Et l'éléphant rit aux éclats**

**Le dauphin se déguise en loup
Et la girafe en vilain chat**

Ils sont tous fous !

**Le corbeau veut se teindre en roux
Et le faisan en chocolat**

**Le faon se cache dans le chou
Et le poulet dans le sofa**

Ils sont tous fous !

**Ouvre tes yeux Annabella
Allons, debout !**

MAINTENANT TU SAIS RECONNAÎTRE :

Oh ! voici un corbeau →
Oh ! voici un faisan →
Oh ! voilà un faon →
Oh ! voilà un poulet →

TU PEUX LIRE :

qui fait la moue ? c'est le phoque.
qui se déguise en loup ? c'est le dauphin.
qui rit aux éclats ? c'est l'éléphant.
qui se cache dans le chou ? c'est le faon.

as-tu déja vu ...

la moue - un chou - un loup - c'est roux - un poulet - un phoque - un éléphant - un dauphin - une girafe - un faon.

ÉCOUTE BIEN :

[u]

dans :

bonjour - Bigoudi - un goujon - nous - du courage - debout ! - youpi ! - la moue - un loup - il est fou - c'est roux - le chou.

    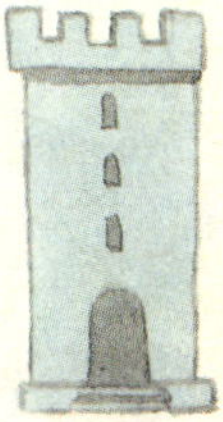

MAINTENANT REGARDE :

Bigoudi

mais aussi :

la moue
un loup
il est roux
debout
nous

ÉCOUTE ENCORE :

[f]

dans :

des efforts - enfin - un phoque - l'éléphant - le dauphin - la girafe - ils sont fous ! - le faisan - le faon.

ET REGARDE À NOUVEAU :

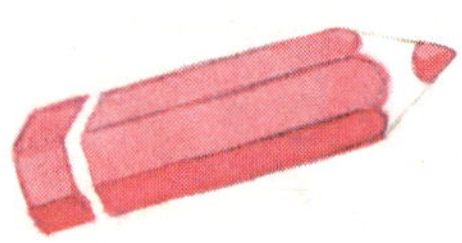

un faisan
un éléphant

mais aussi : un effort

TU PEUX LIRE :

une poule
un poussin

dans

[pu]

le cou
tout à coup
un coussin

dans

[ku]

c'est mou
une mouche
un mouton
le moulin
une moustache

dans

[mu]

[ʀu]

dans

une route
une roue
un verrou

[fu]

dans

un foulard
une fourmi
le four

[lu]

dans

le loup
une loupe

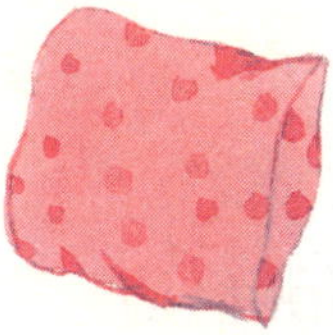

un coussin

un foulard

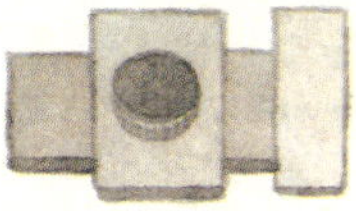

un verrou

des moustaches

un moulin

[fa] *dans :* **le facteur - la farine - un phare**
[fi] *dans :* **du fil - un filet - un film**
[fy] *dans :* **la fumée - une fusée - un fusil**
[fo] *dans :* **une photo**

Le facteur apporte un colis.
Où as-tu mis la farine ?
Avec ce fil je vais réparer le filet.

Le loup a peur du fusil.
J'ai pris la fusée en photo.
Le four dégage de la fumée.

ET PLOUF !

*Son chapeau posé sur le bout du nez,
Roméo pêche, tranquillement
allongé au bord du ruisseau.*

Fou de joie, Pipon saute au cou de son petit maître. Plouf ! les voilà tous les deux dans l'eau, mouillés jusqu'au cou, mais tellement heureux.

Ils se sont enfin retrouvés !

TU PEUX LIRE :

**Pipon est fou de joie.
Plouf ! voilà Pipon et Roméo dans l'eau.
Ils sont tout mouillés.
C'est au cou de Roméo que Pipon saute.**

12 JULIE FAIT LA GRIMACE

Quelle joie de se retrouver dans les bras de son maître !
Les petits cœurs battent à l'unisson, sans se soucier des éclaboussures.
Mais Julie, qui est tout aspergée, rouspète en grimaçant.

— « Ah, c'est malin, cela suffit, ma robe est toute sale maintenant. Faites donc attention ! Mes chaussures sont trempées et mes pieds sont glacés !
Allez, sortez de là, venez vite vous sécher ! »

— « Rentrons tous à la maison, propose Bigoudi.
Nous ferons connaissance quand vous serez secs et réchauffés. »

MAINTENANT TU SAIS LIRE :

Ma robe est sale.
Mes chaussures sont trempées.
Mes pieds sont glacés.

C'est malin !
Cela suffit !
Faites donc attention !

une robe

des chaussures

une grimace

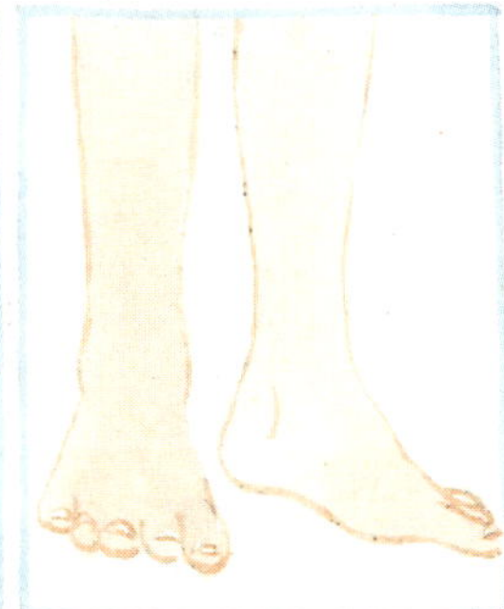

des pieds

Les bras	**Malin**	**Venez !**	**Des pieds**
Un petit cœur	**Sale**	**Sécher**	**Une chaussure**
Attention	**Sortez !**	**C'est glacé**	**Trempé**

ÉCOUTE BIEN :

[s]

dans :

je sors - ce - passé - son - une direction - j'aperçois - c'est - suivez-moi - les ronces - cela suffit - il saute - sale - attention - des chaussures - glacé - sortez ! - sécher.

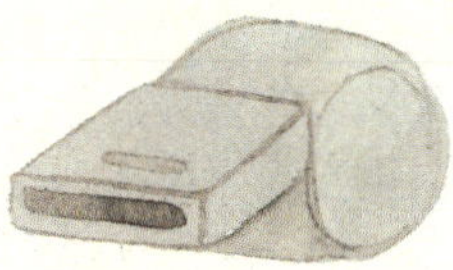

MAINTENANT REGARDE :

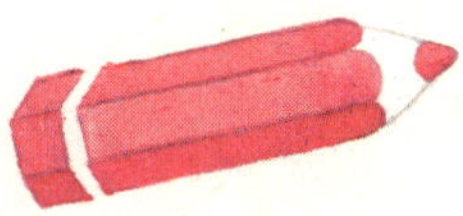

sale

glacé

une direction

mais aussi : une chaussure j'aperçois

s S s s S c C C c C t t t T T

Attention !

c se dit [s] devant : **i** ou **e**

un cil - le cirque - ici - un citron - cela - une cerise - glacé - une race

t se dit [s] devant : **ion** ou **ie**

attention - la direction - une opération - une acrobatie

TU PEUX LIRE :

de la salade

du sucre

du savon

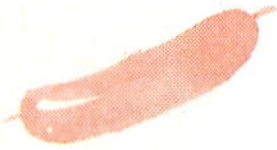

une saucisse

sa
sou
seau
sau
su
ci

un sac

un seau

il est assis

il est sourd

un sourcil

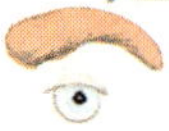

des sous

LA SAUTERELLE

Saute, saute, sauterelle,
Car c'est aujourd'hui jeudi
Je sauterai, nous dit-elle,
Du lundi au samedi...

Saute, saute, sauterelle
Puisque c'est votre métier
Je sauterai, nous dit-elle,
Sauterai, sans m'arrêter...

SOUVIENS TOI :

Révision

avec des [p]	avec des [m]	avec des [R]	avec des [l]	avec des [k]	avec des [f]	avec des [s]
Paris	il est malade	rapide	la salade	un cadeau	la farine	la salade
une pile	la fourmi	il rit	le lit	une quille	du fil	un cirque
un pull	une armure	la rue	salut	une culotte	la fusée	du sucre
une poule	l'amour	la roue	une loupe	le cou	il est fou	dessous
le pont	le monde	un rond	un ballon	un flocon	c'est fondu	une sonde
la peau	une moto	du rôti	un vélo	un haricot	une photo	une saucisse

avec des [a]	avec des [i]	avec des [o]	avec des [y]	avec des [ɔ̃]	avec des [u]
allô	petit	une moto	turlututu	le garçon	Bigoudi
un chat	gris	un pot	salut	le nom	la moue
à côté	Julie	un oiseau	la rue	le pont	un loup
un pas	un stylo	au lit	un talus	un rond	il est roux
ah !	un ami	à côté			debout
					nous

TU PEUX LIRE AUSSI :

pr : il a pris son ballon

pl : plouf ! un placard

fr : du fromage

fl : une flaque

cr : il pousse un cri

cl : une claque

13 CHUT !

La porte de la cuisine s'ouvre…
Curieux, Bigoudi s'approche de Julie.
Son petit museau flaire une odeur bien connue.
Humm…

— « Chut ! je prépare une surprise pour nos petits amis.
— C'est une bonne brioche ? questionne le chaton qui se lèche déjà les moustaches.
— Oui Bigoudi, mais dis-le moins fort », chuchote Julie.
Et hop ! d'un bond, le petit chat saute sur la table et s'approche du bol où la pâte repose.

— « *Attention, petit coquin ! souviens-toi de la chanson :*
Si tu y mets la patte
Et ron et ron, petit patapon,
Si tu y mets la patte
Tu auras du bâton… »

MAINTENANT TU SAIS LIRE :

une surprise
une brioche
des moustaches
il se lèche

il questionne
moins fort !
elle chuchote
il s'approche

un bol
hop !
la pâte

Quelle est
la surprise
que prépare Julie
pour Roméo et Pipon ?
C'est une bonne brioche.
Bigoudi, le coquin, se lèche déjà
les moustaches.
Hop ! le voilà sur la table...
"Comme elle sent bon cette pâte,
chuchote-t-il"...
Mais Julie le surveille.

une bonne brioche

un bol

Bigoudi se lèche
les moustaches

Qui se lèche les moustaches ? c'est le chaton.
Qui prépare une brioche ? c'est Julie.
Qui saute sur la table ? c'est Bigoudi.
Pour qui est la surprise ? pour Roméo et Pipon.

ÉCOUTE BIEN :

[ʃ]

dans :

un chat - un chien - chut ! elle chuchote - un chapeau - des chaussures - en cachette - une brioche - les moustaches.

MAINTENANT REGARDE :

un chaton

ch CH ch ch ch CH ch

ÉCOUTE ENCORE :

[ɔ]

dans :

je sors - comme - encore - un phoque - des efforts - elle ronchonne - un corbeau - une robe - une brioche - bonne - alors - il questionne - elle chuchote - fort.

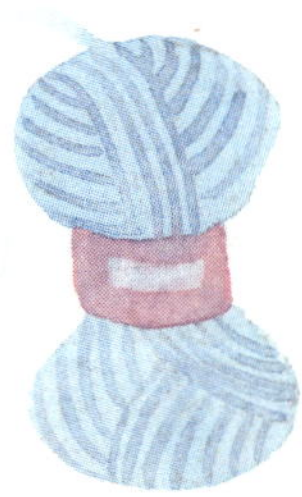

MAINTENANT, REGARDE :

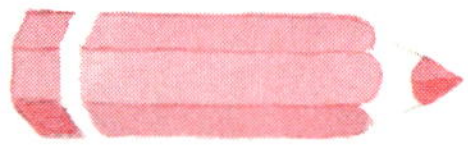

elle chuchote

mais aussi : un homme

o O o o o ho HO ho ho

MAINTENANT, TU PEUX LIRE :

un **char**
un **chapiteau**
un **chameau**

un **chiffre**
quelle **chipie** !
un **chiffon**

du **chocolat**
il fait **chaud**
des **chaussettes**
un **artichaut**

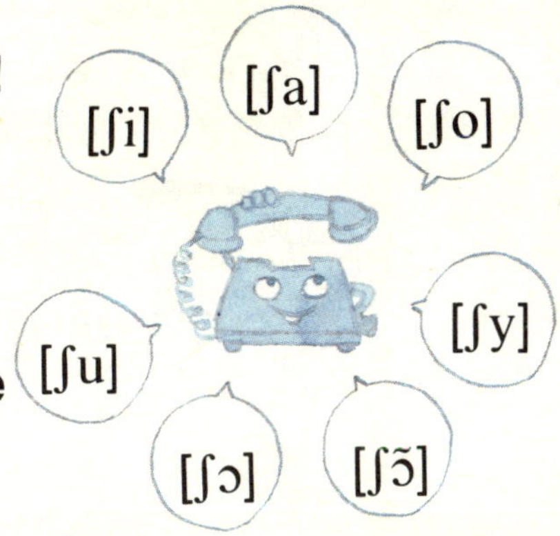

un **chou**
de la **choucroute**

je **chuchote**
une **chute**
un **parachute**

un **choc**
un **short**
une **chope**

un **cochon**
un **capuchon**
des **cornichons**

une mouche

une vache

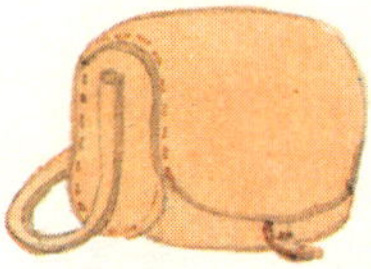
une sacoche

une cloche

[ʀɔ]	**une casserole**	[sɔ]	**un parasol**
[kɔ]	**de la colle**	[pɔ]	**une poche**
[fɔ]	**un phoque**	[klɔ]	**une cloque**
[mɔ]	**la mode**	[ʃɔ]	**un choc**

« Toc, toc, toc, qui frappe à ma porte ?
Est-ce Charlotte qui apporte des pommes ?
— Mais non, c'est Charly qui en a fait
de la bonne compote ! »

POUR PRÉPARER UNE BONNE BRIOCHE, JULIE TE CONFIE SA RECETTE :

Il faut :

un pot moyen de crème fraîche
3 verres de farine
1 à soupe de sucre
1
1 paquet de levure
du sel.

Tu mélanges bien la crème avec la farine. Tu ajoutes l' battu, le sucre, le sel et la levure. Tu mets dans un moule beurré. Tu fais cuire au four 45 minutes.

Bon appétit !

AH! LES COQUINS...

Alors, Pipon se cache sous la table et Roméo sort dans le jardin. Discrètement, il fait signe à son chien de le suivre tandis que Bigoudi se sauve par la fenêtre.

Ah! les coquins. La pauvre Julie est bien déçue de voir ses amis prendre aussi vite la poudre d'escampette!

MAINTENANT, TU SAIS LIRE :

Quel bon déjeuner ! Il est neuf heures.
Julie dit : « Maintenant, faisons la vaisselle ».
Elle questionne : « Qui m'aide ? »

la table

il fait un signe

la fenêtre

de la vaisselle

9

neuf

il est neuf heures
tandis que...
qui m'aide ?
maintenant
la vaisselle
un signe

discrètement
il se sauve
bon
le déjeuner
la fenêtre
à suivre...

Le chien se cache sous la table tandis que son copain sort dans le jardin. Mais Roméo lui fait signe de le suivre dehors. Alors Bigoudi se sauve : il passe par la fenêtre.

ÉCOUTE BIEN :

[ə]

dans :

petit - maintenant - je - nous faisons - la fenêtre - que - le - de.

MAINTENANT REGARDE :

je
nous faisons

ÉCOUTE ENCORE :

[œ]

dans :

jeune - neuf - pleurer - la couleur - 9 heures.

REGARDE ENCORE :

neuf
l'œil

mais aussi : l'heure. un œuf

eu EU eu eu EU œ oe oe oe Œ

MAINTENANT TU PEUX LIRE :

re → un renard
re → une recette

ce → des cerises

se → une casserole

pe → une pelote
pe → petit

que → une pâquerette

fe → du fenouil

me → des menottes

che → le chemin
che → un cheval
che → la cheminée

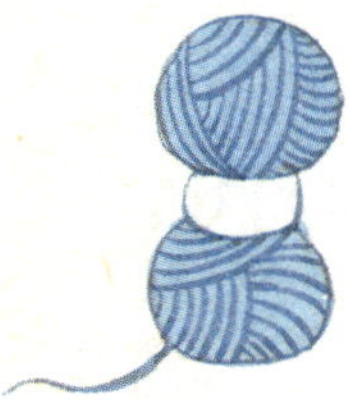

une fleur - du beurre - l'heure - le cœur - il pleure - neuf - un œuf - il a peur - une sœur - le docteur - un aspirateur.

Allô Docteur !
Ma petite sœur est malade.
Elle a mal au cœur, elle pleure.

Comme c'est bon un œuf à la coque
avec du pain et du beurre !

Le petit chat a peur de l'aspirateur.

ÉCOUTE BIEN :

[d]

dans :

bigoudi - perdu - dans - dit - une direction - attendez ! - tandis - aidez-moi ! - debout - donc - déjà - le déjeuner - discrètement.

MAINTENANT REGARDE :

Bigoudi

TU PEUX LIRE :

un domino - une dame - la douche - mardi - samedi - c'est doux - il est dur - madame - une pédale - une corde.

d D d d d D d d D

Avec des [d]...

Quelle heure est-il ?
Il est midi.
Qui te l'a dit ?
La petite souris.
Où donc est-elle ?
Dans la chapelle.
Qu'y fait-elle ?
De la dentelle.
Pour qui ?
Pour les dames de Paris.

(Comptine populaire)

Avec des [œ]...

Il y a plus de fleurs
Pour ma mère en mon cœur,
Que dans tous les vergers ;
Plus de merles rieurs
Pour ma mère en mon cœur
Que dans le monde entier ;
Et bien plus de baisers
Pour ma mère en mon cœur,
Qu'on en pourrait donner.

M. Carême

15 SOUS LE ROBINET

Julie se précipite à la fenêtre et appelle son petit chat :
— « Bigoudi, Bigoudi, où es-tu ? » Mais personne ne lui répond.
Elle se penche alors davantage et que voit-elle ?

Le pauvre minet, d'habitude si coquet, est couvert de boue des pattes à la tête.
— « Ah ! tu as belle allure ! Pour la peine, saute dans le lavabo et lave-toi sous le robinet. »
Bigoudi n'est pas fier. Lui qui voulait échapper à la vaisselle se retrouve parmi les assiettes et les verres !

— « Allez, fais ta toilette, et en vitesse… »

MAINTENANT TU SAIS LIRE :

la fenêtre **un robinet** **des assiettes** **des verres**

Julie appelle Bigoudi par la fenêtre. Mais le minet ne lui répond pas. Il n'est pas fier de lui, il est couvert de boue et sait qu'il va devoir faire sa toilette.

« Ah ! Tu as belle allure, coquin ! Mets-toi vite sous le robinet, sans casser les assiettes et les verres et fais ta toilette.
Je ne reconnais plus mon petit minet si coquet ! »

ÉCOUTE BIEN :

[ɛ]

dans :

c'est - mais - une barrière - j'ai perdu - même - la rivière - aidez-moi ! - faites attention ! - Bigoudi se lèche - discrètement - la fenêtre - où es-tu ? - un minet - coquet - couvert - la tête - belle - la peine - le robinet - fier - la vaisselle - l'assiette - un verre - la toilette - en vitesse.

MAINTENANT REGARDE :

un verre
discrètement
la fenêtre
la peine
aidez-moi

mais aussi : minet . c'est . où es - tu ? mais
elle était bonne !

è è è AI ai ai ES es es ei ei ei

ÉCOUTE ENCORE :

[v]

Voilà - il arrive - venez ! - vite - voyons... - bravo - je le vois - suivez-moi ! - vous - il se sauve - pauvre Julie ! - davantage - il est couvert de boue - le lavabo - lave-toi - la vaisselle - les verres - en vitesse.

MAINTENANT REGARDE :

la vaisselle
un wagon

v V V v V v W w W w

QUE DE MOTS TU SAIS LIRE MAINTENANT !

[ɛ]

[kRɛ]
la crème
la crèche
une crèpe

[lɛ]
il se lèche
du lait

[mɛ]
ma mère
mais

[Rɛ]
c'est raide
une arête

[pɛ]
une pelle
une pêche

[ʃɛ]
une chaise
une échelle

[sɛ]
une selle
ça sèche

[dɛ]
des
il est fidèle

[vɛ]
un ver
un verre

[fɛ]
la fête
qu'as-tu fait ?

[kɛ]
le quai
une caisse

[vRɛ]
c'est vrai

Le petit ver de terre rêve.
Il rêve qu'il vole vers la mer.
Il voit les vagues qui vont, qui viennent...
Il s'en va vers une autre vie...

Avez-vous déjà vu
une vache qui porte une valise ?
un veau qui fait bien la vaisselle ?
Ah ! non vraiment, je n'ai jamais vu ça !

Avec des [v], avec des [ɛ]...

HANNETON, VOLE...

Hanneton, vole, vole, vole,
Ton mari est à l'école ;
Il m'a dit que si tu volais,
Tu aurais de la soupe au lait ;
Et que si tu ne volais pas,
Tu aurais la tête en bas.
Hanneton, vole, vole, vole,
Hanneton, vole, vole donc !

Comptine. Les mots en fête. NATHAN

**J'avais une vache
Elle est au salon**

**J'avais une rose
Elle est en chemise
Et en pantalon**

**J'avais un cheval
Il cuit dans la soupe
Dans le court-bouillon**

**J'avais une lampe
Le ciel me l'a prise
Pour les nuits sans lune**

**J'avais un soleil
Il n'a plus de feu
Je n'y vois plus goutte
Je cherche ma route
Comme un malheureux**

J. Tardieu (le fleuve caché). Éd. Gallimard.

16 IL ÉTAIT UN PETIT HOMME...

Il était un petit homme
Pirouette, cacahuète
Il était un petit homme
Qui avait une drôle de maison (bis)

La maison est en carton...
Les escaliers sont en papier.

Si vous voulez y monter...
Vous vous casserez le bout du nez.

Le facteur y est monté...
Il s'est cassé le bout du nez.

On lui a raccommodé...
Avec un joli fil doré.

Le beau fil s'est cassé...
Le bout du nez s'est envolé.

Un avion à réaction...
A rattrapé le bout du nez.

Mon histoire est terminée...
Messieurs, Mesdames, applaudissez !

60 chansons. 60 musiques. Centurion jeunesse.

ÉCOUTE BIEN :

[e]

dans :

à côté - venez manger ! - Roméo - déjà - attendez-moi ! - sortez ! - et - le nez - du fil doré.

MAINTENANT REGARDE :

Roméo
le nez
un baiser
Julie et Roméo

mais aussi : une idée

é é é **ez** ez EZ **et** et **ER**

ÉCOUTE ENCORE :

[t]

dans :

à côté - petit - tu - turlututu - cette - une tache.
attendez moi ! - tellement - un maître - toute - maintenant - vite - chut ! - le chaton - il saute - la table - la pâte - discrètement - tandis - la fenêtre - des pattes - la tête - toi - une assiette - la toilette - en vitesse - pirouette - cacahuète - du carton - le facteur - une histoire.

REGARDE A NOUVEAU :

du carton

mais aussi : attendez-moi.

t T t t T t t T t T

avec des [e]...

le téléphone - ma mémé - j'ai une poupée - un képi - le dé est cassé - oh ! le beau vélo - as-tu la télé ? - la fée a transformé le héron en hérisson - l'été, je ne vais pas à l'école.

une fée   un vélo   un héron   un képi   une épée

avec des [t]...

un tapis - un tire-bouchon - une taupe - une tulipe - tout à coup - attraper - une autruche - un trou - une trompette - un trèfle.

une trompette   une autruche   un trèfle   une taupe   un tapis

Devinette :

- *j'ai 4 pattes, je pique et me mets en boule. Qui suis-je ?*
- *je suis myope et vis sous la terre. Qui suis-je ?*
- *je suis le plus gros oiseau mais je ne vole pas. Qui suis-je ?*

Réponses : *un hérisson - une taupe - une autruche.*

ROMÉO BRICOLE

« Pipon, viens avec moi dans le jardin », dit Roméo qui est bien content d'échapper à la vaisselle.

« Regarde, mon chien, voici ta nouvelle maison. Le toit est un peu cassé mais je vais vite le réparer. Veux-tu m'aider ? Allez, va chercher des clous, un marteau et un peu de courage... »

Le toit est cassé mais Roméo va le réparer, à condition que Pipon veuille bien l'aider.

NE RÊVE PAS ET SOUVIENS-TOI...

[ʃ]

un parachute -
une chaussette - un chou -
un chiffon - un château -
chic !

[ɔ]

de la colle -
la mode - un phoque -
une poche -
un parasol.

[d]

mardi -
samedi - donc -
un domino - doux.

[ə]

une pâquerette -
un chemin -
il est petit.

[ɛ]

des -
la fête - vrai -
une pelle - du lait -
une échelle - un ver -
le quai - une caisse -
qui est là ? -
mais.

[v]

un vélo
il vole - un ver -
la vie.

[e]

une épée - l'été -
une idée - un hérisson - le nez -
la récréation - la télévision - chez -
le boucher - le pâtissier - le marché -
allez ! venez ! sortez !

[t]

la tête - des pattes -
tandis - tout - du carton -
attendez !

Aubin Imprimeur, 86240 Ligugé. — D.L. mars 1989. — Édit. C 49338 XVIII (PF.c.VII) SCCM. — Impr. P 30935